青史流光：跨越时空的那些人

张骞 苏武传

编著：宫浩奇

绘者：小马车图书

中国戏剧出版社
CHINA THEATRE PRESS

图书在版编目（CIP）数据

张骞苏武传 / 宫浩奇编著；小马车图书绘 . — 北京 : 中国戏剧出版社，2023.1
（青史流光 : 跨越时空的那些人）
ISBN 978-7-104-05284-5

Ⅰ . ①张… Ⅱ . ①宫… ②小… Ⅲ . ①张骞（?- 前 114）—传记②苏武（?- 前 60）—传记 Ⅳ . ① K827=341

中国版本图书馆 CIP 数据核字（2022）第 177542 号

张骞 苏武传

责任编辑： 肖　楠
项目统筹： 康祎宁
责任印制： 冯志强

出版发行：	中国戏剧出版社		印　刷：	保定市铭泰达印刷有限公司
出 版 人：	樊国宾		开　本：	710mm×1000mm　1/16
社　　址：	北京市西城区天宁寺前街 2 号国家音乐产业基地 L 座		印　张：	78
邮　　编：	100055		字　数：	280 千
网　　址：	www.theatrebook.cn		版　次：	2023 年 1 月　北京第 1 版第 1 次印刷
电　　话：	010-63381560（发行部）　010-63385980（总编室）		书　号：	ISBN 978-7-104-05284-5
传　　真：	010-63381560		定　价：	298.00 元（全 10 册）

读者服务： 010-63381560
邮购地址： 北京市西城区天宁寺前街 2 号国家音乐产业基地 L 座

版权专有，违者必究；如有质量问题，请与出版社联系调换。

浣溪沙·张骞 苏武

走马西陲拓九州,苦囚寒地任敌羞。
争雄不泥甲兵稠。

开路万年将彩耀,守节千载又芳流。
绘名青简傲王侯。

姓　　名	**张骞、苏武**
所处时代	汉武帝、汉昭帝、汉宣帝年间
主要事迹	两次出使西域，开拓西南，抗击匈奴，持节不屈，北海牧羊
关联名人	汉武帝、卫青、霍去病、李广、李广利、冒顿单于、军臣单于、细君公主、解忧公主、李陵、霍光
文化标识	丝绸之路，西域，博望侯，汗血宝马，苏武牧羊，节杖，肝脑涂地，《答苏武书》，麒麟阁

历史背景

汉朝从高祖刘邦立国开始,就始终面对着北方强邻匈奴的威胁。为了对付匈奴,汉朝不断地调整政策。一开始,高祖刘邦试图毕其功于一役,一举击败匈奴,但不料惨遭埋伏,大败而归。汉朝不得不在相当长的时间内对匈奴采取守势,用和亲之策稳住匈奴,转而专心谋求内部发展。经过文景之治,到汉武帝时期,汉朝的国力变得极为强盛。汉武帝刘彻雄心勃勃,对匈战略改守为攻,再次开启了针对北方强敌的一系列军事、外交行动。在当时的历史环境下,由于地理闭塞,交通不便,所以汉朝对于汉匈之外的国家知之甚少。为了寻找盟友,共同对抗匈奴,汉武帝派遣张骞西出长安,穿越河西走廊,远赴西域。虽然双方最终的战略同盟波折重重,但这一"凿空"之举却大大开阔了彼此眼界,汉朝和西域地带,乃至更远的中亚及欧洲的关系因此变得紧密起来,随之而来的"丝绸之路"成了最负盛名的历史符号之一,张骞也成为中国历史上最为著名的外交家。比张骞稍晚一些,汉武帝时期的外交名人苏武用另一种方式为后世展现了新的中国风采——气节。

苏武受命出使匈奴，无端被囚，困居敌国十九年，面对威逼利诱，始终持节不屈，名著当时，声传后世。"苏武牧羊"也成为中华民族坚贞勇敢精神的伟大象征。

故事线索

通西域·守汉节
Tongxiyu Shouhanjie

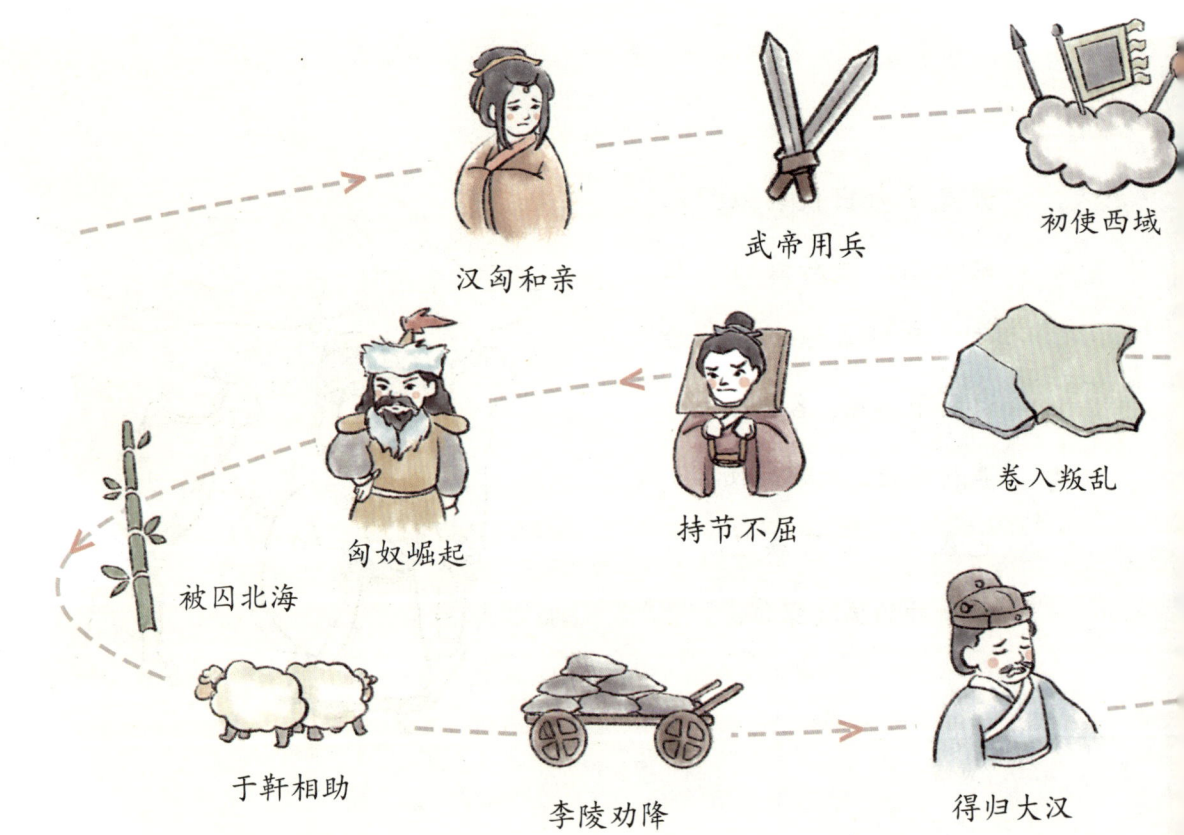

汉匈和亲　武帝用兵　初使西域
匈奴崛起　持节不屈　卷入叛乱
被囚北海　李陵劝降　于靬相助　得归大汉

青史流光：跨越时空的那些人

汉武盛世

张骞（qiān）是中国历史上最为著名的外交家之一，他生活的时代乃是中国封建社会的第一个盛世——汉武盛世。彼时汉朝经过前几代皇帝的休养生息，逐渐改变了秦末汉初国力亏损、民生凋敝的局面，开始变得国库充盈、兵强马壮。而雄才大略的大汉皇帝武帝刘彻也与祖父汉文帝、父亲汉景帝颇为不同，他不再信奉之前的无为而治的国策——黄老之术，而是罢黜百家、独尊儒术，锐意开拓进取。对内采用推恩令、盐铁专营等手段消除诸侯威胁、统一中央政令；对外态度强硬，不再使用屈辱的和亲政策，而是整军备战，积极开疆拓土。张骞就是在这样的历史大环境下登上了历史舞台，留下了浓墨重彩的一笔。

通西域·守汉节
Tongxiyu Shouhanjie

匈奴起源

汉武帝时期,最大的外敌仍是匈奴。匈奴是从战国时期起就活跃在中国北方的少数民族。作为典型的游牧民族,匈奴民风剽悍(piāo hàn),擅长骑射,经常南下劫掠中原大地。战国时期,与匈奴接壤的燕国、赵国、秦国都常常受到袭扰。由于各国均以步卒为作战主力,所以非常难以应对来去如风的匈奴骑兵,为此不得不纷纷在边境线筑造长城以抵御匈奴南下。但总的来说,由于当时的匈奴所活跃地区仍旧有其他游牧民族,所以其国力并不强盛,即使中原地区战国七雄相互争斗,匈奴也并不能轻易乘机入寇,甚至被胡服骑射后也拥有大量骑兵的赵国一战歼灭十余万人,吓得匈奴人一听到该战指挥官赵国名将李牧的名字就双股战栗。

蒙恬之威

　　秦国统一六国后，匈奴又迎来了一个强大的敌人——大秦王朝。秦始皇派大将蒙恬率兵三十万北击大漠，"却匈奴七百余里"，收复水草肥美的河套地区以及交通要道河西走廊，以致"胡人不敢南下而牧马"。蒙恬为巩固成果，在连接了原秦、赵、燕三国长城的基础上，又加以扩建，形成西起临洮、东至辽东的漫长防线——万里长城。匈奴慑于蒙恬之威，十余年不敢入侵。但秦朝是一个短命的王朝。秦始皇去世后，不堪暴政的百姓、六国旧贵族纷纷起义，秦朝二世而亡。然而秦朝的废墟上并没有立刻诞生出一个统一的政权，历史又进入了项羽和刘邦相互争斗的楚汉相争时期。经过四年的战火，汉朝得以建立，但国家实力已惨不忍睹。

通西域·守汉节·张骞、苏武

汉匈和亲

汉朝国力衰弱,而匈奴却乘机在北方崛起。在新的首领冒顿(mò dú)单于的带领下,匈奴统一了各个部落,消灭兼并了东胡、楼烦等其他游牧民族,夺取了河套地区,并对汉朝的燕地、代地等边境地区不停侵掠。汉朝的开国皇帝高祖刘邦率兵反击,想要像当年蒙恬一样彻底赶走匈奴,却不料中计被困,差点被匈奴人活捉。从此,汉朝进入守势,不敢再对匈奴用兵。为了安抚匈奴,朝廷不得不采取和亲政策应对,从汉高祖到汉惠帝、汉文帝、汉景帝、汉武帝即位初期,先后有七位公主远嫁匈奴的冒顿单于、老上单于、军臣单于祖孙三代。和亲以牺牲汉家公主的幸福为代价,在一定程度上避免了两国大规模的军事冲突,但始终未能实现真正的和平。

寻找盟友

汉武帝亲政后，雄心勃勃，一扫守势，对匈奴开始用兵。除了厉兵秣马，准备进行军事打击外，汉朝亟需其他国家作为盟友，共同抗击匈奴。一次偶然的机会，汉朝通过匈奴的一个降兵，知道在西域地区曾有一个比较大的国家叫月氏（zhī）。这个国家原先居住在中国西北河西走廊西部、张掖至敦煌一带，本为匈奴劲敌，但国土后来被匈奴侵占，其国王的头盖骨甚至都被匈奴的老上单于做成了酒器。为此，他们不得不远走中亚地带，矢志向匈奴人复仇。这个民族西迁入中亚地区的这支被称为大月氏，而留在故地被迫接受匈奴统治的这部分被称为小月氏。敌人的敌人就是朋友，汉朝决定派人去联络大月氏人，共同打击匈奴。

青史流光：跨越时空的那些人

十六

张骞应募

在古代，交通极为不便，而且月氏国与汉朝远隔千里，中有大漠、匈奴人控制下的西域诸国横亘。更令人担忧的是，汉朝只知道月氏国的方向，根本没有人去过，所以出使月氏其实是一个生死难料的任务，一时间汉武帝不知道该委派谁去。无奈之下，汉武帝公开发布招募令，一向名不见经传的张骞慨然应募。建元二年（公元前139年），在汉武帝的支持下，张骞率领一百多人，以匈奴人堂邑父（甘夫）为向导，从长安出发，出使月氏国。要去月氏国，就必须经过中国西北地区的河西走廊，可是此时的河西走廊已经被匈奴人完全控制。所以毫无意外地，张骞等人很快被匈奴人侦察到行踪，全部被轻易擒获。

被扣匈奴

　　有道是"两国交兵，不斩来使"，匈奴兵将一看捉住的是汉使，虽然这个使节并不是出使匈奴，但也不敢怠慢，赶紧把他们押送到了单于所在的王庭。此时的单于是冒顿单于的孙子军臣单于，他疑惑地询问张骞等人要去出使何地。张骞等人情知无法隐瞒，只能如实说去出使月氏国。军臣单于立刻警觉了起来：大月氏与汉朝相隔千里，为什么要去交好？虽然张骞等人没有交代最终的目的，但军臣单于不是傻子，两国交好必定别有所图。那图的是什么呢？只能是共同的敌人——匈奴。想通此处，军臣单于也不说破，只是道："你们越过我们匈奴去月氏干什么？如果我们匈奴人越过你们汉朝去出使你们南边的南越国，是否可行？"

通西域・守汉节・张骞、苏武

青史流光：跨越时空的那些人

十年劝降

这明显带有敌意的问话自然不可能得到回应，而匈奴人也绝不可能放张骞等人离开。于是他们把这一行人关了起来，这一关就关了十年。其间，为了软化、拉拢张骞，使其投降，放弃出使月氏的想法，匈奴人采用各种手段威逼利诱，但都被张骞一一化解。他始终没忘初心，坚贞不屈。看着匈奴人配给的妻子以及二人所生的孩子，张骞无法言表心中的苦痛，家庭的温馨和使命的召唤交织在一起，时时折磨着他的心灵。十年的时光足以磨蚀掉很多人的锐气，更何况这本就是一次根本看不到希望甚至汉武帝都未必有多上心的出使。但张骞始终坚守着心中的责任和操守，时刻牢记着自己肩负的重要使命。

月氏易主

终于,机会来了。在十年后的一个晚上,已经监禁张骞十年之久的匈奴人也终于精疲力竭,出现了监管漏洞。张骞抓住机会,带着匈奴妻子、孩子以及自己的随从果断逃离了匈奴。匈奴人追之不及,只能眼睁睁看着张骞等人逃走。张骞得脱牢笼,并没有返回长安,而是继续他的出使使命。可是,当他满怀希望地进入梦想中的大月氏之地时,才悲哀地发现,十年的时光,此地早已易主。匈奴人扶植了月氏国的仇人——乌孙国。借助匈奴人的力量,乌孙国打败了曾经征服自己的月氏国,月氏国再次被迫远走他乡。张骞不能再去匈奴的盟友乌孙国,只能改变道路,折向西南,去寻找月氏国,最终他翻越葱岭,到了另一个国家——大宛(yuān)。

青史流光：跨越时空的那些人

交好大宛

到达大宛的旅程极为艰辛，一路上戈壁纵横、雪岭绵延，有时热浪滚滚，有时寒风刺骨。张骞一行人风餐露宿，时刻面临着断粮断水的危险，幸好有善射的堂邑父能够射杀鸟兽充饥，才不至于全军覆没。当他们到达大宛时，已经衣衫褴褛（lán lǚ）、形容枯槁（kū gǎo）。但他们还是精神饱满地去面见了大宛国王，讲述了出使月氏的目的以及出使途中的种种故事。大宛国王早就听说在东方有个极为富庶的国家——汉，也一直想建立关系，却被匈奴阻隔。而今双方人员直接见面，大宛国王非常高兴，决定交好汉朝，于是在热情招待了张骞等人之后，应张骞所请，派向导、翻译随同张骞等人穿过另一西域国家康居，前去月氏。

月氏安逸

众人风尘仆仆地赶到月氏国,一番友好交流下来,张骞失望地发现这个国家跟之前想象的不一样。站在汉人的角度看,既然月氏国被匈奴几次驱逐,甚至国王都被杀死,应该怀有对匈奴人不共戴天的仇恨。可实际接触下来,此时的月氏人根本没有复仇的欲望。因为他们现在所居之地土肥水美,物产丰富,而且周围没有多少好战的强敌,所以百姓生活安乐,心理上根本没有复仇的愿望,也都不愿再回到过去颠沛(pèi)流离、战火频仍的生活。况且汉朝现在和月氏国距离甚远,真有战事发生,汉朝也帮不上月氏什么忙。因此,对月氏人而言,两国之间友好交流可以,但要一起协同去攻打匈奴显然毫无必要。

通西域·守汉节
Tongxiyu Shouhanjie

再入牢笼

张骞不死心，一再游说月氏王。但月氏王主意已定，张骞在月氏国逗留了一年之久，始终无法说服对方。最终只能带着无穷的遗憾怏（yàng）怏归汉。回程中，为了避免再次被匈奴捉获，张骞等人特地换了一条道路。但匈奴当时控制的区域实在太大了，周边很多民族都被影响，所以张骞等人避无可避，还是被匈奴人捉住了。这一关又关了一年多，就在张骞已经绝望，认为这次任务彻底失败、自己都要性命不保时，匈奴发生了内乱。军臣单于死后，其弟左谷蠡（lù lí）王伊稚斜（chá）自立为单于，与合法的继承人军臣单于之太子于单发生冲突。双方大打出手，一时无暇顾及张骞等俘虏，于是张骞等得以再次侥幸逃脱。

辗转回朝

张骞携妻儿回到汉朝时,汉武帝大喜。他做梦都没有想到,张骞能够在失踪十三年后归汉。任务完成得怎样先不说,就凭这份执着、坚韧、忠诚就值得奖赏。于是,汉武帝封张骞为太中大夫,而那个忠勇的匈奴人堂邑父也被封为奉使君。这次出使西域的代价很大,出发时的一百多人,归来时已经只剩张骞和堂邑父两人,其他人都已埋骨荒野。而且月氏国不肯合作,既定的战略目标也没有达成。但这次出使却有另外的巨大收获,那就是汉朝的"地理大发现"。在张骞出使西域之前,汉人对西域地区并不了解,更毋论西域更西的中亚地带,只是通过往来商人的道听途说才不至于一无所知。张骞带回来的信息,使大家眼界顿开。

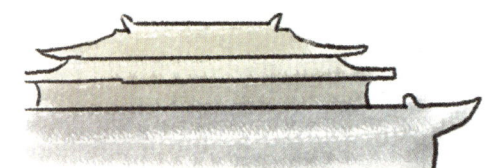

通西域·守汉节
Tongxiyu Shouhanjie

西域风情

张骞一路亲身去过大宛、康居、月氏、大夏等国，每到一处，就对当地的国土兵力、物产资源、风土人情、历史现状等做细致考察，一一记录在案。而且通过与当地人交流，张骞知道了当时更多的国家，诸如乌孙、奄（yǎn）蔡、安息、条枝、身毒等。他将这些国家的情况以及对汉朝、匈奴的态度都全面向汉武帝做了汇报，汉武帝对此非常满意。张骞此次出使，不仅仅是开阔视野，让汉朝百姓知道了外面更为广阔的世界，而且也大大增强了汉朝对外的国际影响力。以前汉文化的影响力西不过临洮、玉门关，现在有更多的国家知道了汉朝，并且愿意跟汉朝友好交往，这为后来的各种国际关系打下了基础。

探索身毒

　　张骞虽然没有达到联络月氏国的目的，但是他还是提供了一条新的外交思路。他对汉武帝讲述了自己在大夏国时的一段见闻。大夏国是月氏国的凌迫对象，与月氏国接壤。张骞在访问月氏国时顺道去了大夏国。在大夏国，他看到了产自我国四川一带的邛（qióng）竹杖、蜀布，就问商人这些东西的来源。商人答复说这些东西是从身毒国买来的，而身毒国就在大夏的东南方，是个大国，气候潮湿炎热，士兵都乘象作战。

　　张骞认为，大夏国在汉朝的西南方向，而身毒国在大夏的东南地区，那么汉朝应该与身毒国距离不远，可以从汉朝的西南地区到达身毒国。如果真的能够开辟这条通路，联络西域各国将变得更加安全。

通西域·守汉节
Tongxiyu·Shouhanjie

绕道西南

为什么会更加安全呢？因为目前到达西域，要么走河西走廊，要么走羌人所居的青海地带。但河西走廊被匈奴人控制，羌人也受匈奴胁迫，张骞归程时就是在羌地被匈奴人捉获的。如果开通从西南地区到达身毒国的通道，那么就可以越过身毒国到达大夏，进而转达其他西域国家，虽然有些绕路，但安全性将大大提高。张骞的判断大致是正确的，身毒国其实就是今天的印度。从我国西南地区当然能到达印度，但行程却没有这么简单。因为张骞并不知道两国间有巨大的喜马拉雅山阻隔，而且当时中国的西南地区还没有开发，对这个地区的信息了解，汉朝人并不比对西域的了解更多。但无论如何，这番战略谋划深深打动了汉武帝。

再使西域

探索西南地区的战略很快得到确定。四年后,准备工作完成的张骞率人再次整装出发。这次,他们以四川宜宾和成都为起点,**兵分四路,朝着今天的青海南部、西藏东部、云南一带前进,目的地都是身毒国**。但可惜的是,最终四路人马都未能到达身毒国,最直接的原因就是被所经过地区的少数民族拦阻。这些民族当时或者尚未开化,民风野蛮,不肯与汉使沟通,或者出于垄断南方贸易的需要,不想让汉朝与更远的地方建立关系,只希望通过他们这样的中间商做交易,因此阻止汉使南下。但此次探索纵然未能达成目标,还是让汉朝和西南各国如滇国、夜郎等之间相互加深了了解,从而为汉武帝后来的开发西南打下了基础。

通西域·守汉节
Tongxiyu Shouhanjie

对匈无功

汉武帝派遣张骞从事外交活动、拉拢盟友的同时，也并没有停止对匈奴用兵。他先后派卫青、李广等人连番出兵，打击匈奴。张骞曾以校尉身份跟随卫青作战，因为熟悉地理，知道大漠中绿洲所在，使得汉军不乏水食，所以被封为博望侯。但在跟李广一起出兵的时候，张骞因为在约定的时间未能赶到目的地，间接导致李广被围，差点全军覆没。按律张骞会被斩首，所幸汉朝能够以金赎免死罪，最终张骞花了一大笔钱得以不死，但被贬为庶民。此战同时出征的还有年轻的霍去病。这位将军大放异彩，以少胜多，以伤亡三千人的代价歼敌三万，并逼降匈奴浑邪王，为汉朝夺回了河西走廊，汉朝后在该地设立了武威、酒泉、张掖、敦煌四郡。

瞄准乌孙

　　河西走廊打通有两个好处,一是隔断了位于青海地区的羌人和匈奴的联系,二是打通了通往西域的道路。此时,张骞虽然被废为了庶民,但汉武帝还是非常信任他,向他咨询下一步的外交战略。张骞这次将目光瞄准了当初第二次赶走月氏人的乌孙国。他向汉武帝陈述了乌孙国的历史。乌孙国的国王称为昆莫,乌孙国民曾与月氏人在同一块地方放牧,与匈奴相邻。后来,月氏人杀死了昆莫难兜靡。其子猎骄靡侥幸逃脱,被匈奴的冒顿单于收养,因其为匈奴作战勇敢,匈奴破月氏后,就令其继续统领原部落之人,乌孙得以复国。后来,乌孙和匈奴联合再次大败月氏,迫使其西迁,而羽翼再次丰满的乌孙渐渐兴起了脱离匈奴的想法。

礼节敷衍

张骞的战略规划是乘着匈奴人河西战败,西部空虚,尤其是浑邪王投降汉朝后,其原先的领地暂且无人占领,此时可以给乌孙国一些财宝,使其与汉朝结盟,占领原匈奴浑邪王的旧地,这样就能让乌孙、匈奴交恶,从而断去匈奴右臂。只要拿下乌孙国,其他原先受匈奴控制的西域诸国也将会心向汉朝。汉武帝非常赞同这一战略,于是派张骞第二次出使西域,专门去往乌孙,构建战略盟友关系。由于汉朝已经控制了河西走廊,所以一路无话,张骞顺利见到了乌孙昆莫猎骄靡。然而乌孙昆莫的立场并不确定,他准备在匈奴和汉朝间待价而沽、左右逢源,所以接见张骞时,用的是和接见匈奴单于使者一样的礼节。这让张骞非常生气。

乌孙无主

张骞认为乌孙对大汉使用和匈奴这种蛮夷之国同样的接见礼节是对大汉国格的侮辱，愤怒下，他直言不讳道："我们大汉天子赐给阁下重礼，如果大王不肯叩头拜谢，那就请把礼物归还。"汉朝的礼物自然跟匈奴人的礼物是天壤之别，猎骄靡贪图汉朝精美的礼品，只好跪拜接受。但在其他方面仍旧不肯妥协，张骞对此百思不得其解。其实，这是有原因的。首先乌孙国人并不了解汉朝，不知道汉朝地域广大，国富兵强。而其自己又靠近匈奴，一直受匈奴欺压，所以君臣上下并不敢直接背叛匈奴。其次，猎骄靡已老，他的太子早逝，所以其他子嗣和太子之子因为王位继承问题反目成仇，国家一分为三，无人能够代表乌孙国与汉缔约。

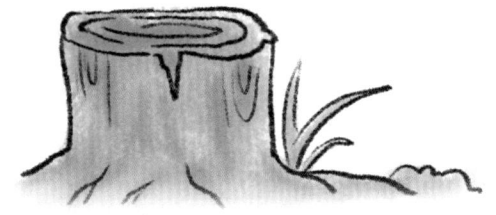

青史流光：跨越时空的那些人

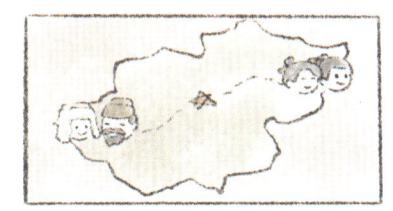

西域归来

张骞构建乌孙与汉联盟的工作始终无法取得进展,只能退而求其次,继续加强与周边其他国家的接触。他派手下的副使分别出使了大宛、康居、大月氏、大夏、安息、身毒、于窴(tián)、扞罙(wū wēn)等国。使者所到之处,宣扬了汉朝的赫赫威势,增强了汉朝在当地的政治影响力,也增进了彼此间的认知。一段时间后,张骞打算启程归国,而乌孙昆莫猎骄靡此时也认为应当实地去了解一下汉朝,于是派遣使者带着礼物随同张骞等人去往长安。张骞第二次出使西域虽然仍旧未能达成既定的战略目标,但依然是一次出色的外交工作。听闻张骞归来,汉武帝大加赞赏,未及张骞入城,就迫不及待地封其为大行之职,位列九卿。

开拓丝路

张骞二使西域归来后不久，就因病去世。但博望侯的威名远播西域，以致后来再有使者去往其他国家时，都冠以博望侯之称，而只要挂着这个名头，当地人无不信服。张骞在古代交通、信息极不发达的情况下，不畏艰险，沟通了汉地与西域诸国的关系。此后，中国与中亚、西亚乃至欧洲的联系变得紧密起来，中国的丝绸从长安出发，经河西走廊、新疆，一直到安息（今伊朗高原及两河流域），再转运至西亚和欧洲的大秦（罗马）。这就是历史上赫赫有名的"丝绸之路"。张骞作为丝绸之路的开拓者，不仅名垂后世，就是同时代的人也意识到其功绩的重要性，太史公司马迁就盛赞其行为是"凿空"（"开通大道"）之举。

通西域·守汉节
Tongxiyu Shouhanjie

通西域·守汉节·张骞、苏武

外交冒险家,不畏艰险,意志力强,使命感强。丝绸之路的开拓者,司马迁盛赞其行为是"凿空"之举。

青史流光：跨越时空的那些人

清障丝路

张骞出使西域后,一时间国内很多人贪图名利也都想着出使西域。汉武帝乐见其成,于是汉朝派出越来越多的使者前往西域,双方的贸易规模也逐步加大。但这些使者良莠(yǒu)不齐,当中有不少奸猾狡诈之徒,有时会损害各国利益,加上匈奴常常从中挑唆,导致袭杀汉使及往来客商的事情屡屡发生。汉武帝闻讯大怒,派汉将赵破奴、使者王恢率七百骑突袭最为嚣张的楼兰国,一举将其灭国。而赵破奴旋即又带兵数万灭掉了另一个不服汉朝的西域国家姑师(车师)。**两次破国之战将丝绸之路上的绊脚石迅速搬走,西域之国见识到了汉朝的皇皇兵威,一时间不敢反抗,也不再完全相信匈奴,汉朝的影响力在西域迅速扩大。**

乌孙求亲

再说跟随张骞回来的乌孙国使者。当他看到雄伟壮阔的长安城,富丽堂皇的未央宫时,内心充满了震撼,他深知小小的乌孙国是远不能与强盛的大汉相比的。因此他亟不可待地回到了乌孙国,一五一十地向乌孙昆莫猎骄靡讲述了汉朝的强盛。猎骄靡意识到必须跟汉朝处理好关系,于是他派人向汉武帝求亲,想要迎娶汉朝的公主。汉武帝为了拉拢乌孙,将刘氏宗亲中的一个罪臣幼女刘细君嫁于了猎骄靡。匈奴单于听说后,大怒,但强敌在侧,他也不敢在汉朝虎视眈眈的情况下出兵教训乌孙,只好也将匈奴女子嫁给了猎骄靡。而猎骄靡两边都不想得罪,于是封匈奴女为左夫人,刘细君为右夫人,前者地位还要较高一些。

解忧安邦

刘细君是个青春年少的柔弱女子，而猎骄靡已经垂垂老矣。双方完全没有共同语言，刘细君只能在苦闷中度日。不久猎骄靡死去，其孙军须靡即位，按照乌孙国俗，可怜的刘细君又不得不嫁给了军须靡，最终郁郁而终。细君公主死后，汉武帝又将另外一个罪臣之后刘解忧嫁给了军须靡，以巩固汉朝与乌孙国的关系。这位解忧公主不同于细君公主的柔弱，而是一位豪爽大气的巾帼英雄。她嫁到乌孙国后，对其内政外交影响深刻，数次化解乌孙与汉朝的联盟危机，也数次帮助乌孙国安定政局，深受乌孙国民爱戴。她是汉朝所有和亲公主中贡献最大的一位。张骞当初的战略构想最终得以实现，匈奴势力逐渐退出了西域地区。

西域归汉

张骞通西域后，西域地区的很多物产如葡萄、核桃、苜蓿（mù xu）、石榴、胡萝卜和地毯等传入汉地，而汉人的丝绸、铁器也传至西域，丰富了彼此的物质生活。但同时，汉朝所拥有的冶铁、凿井、开渠等先进技术也相继泄露到国外，这一方面固然促进了世界技术的共通和进步，但另一方面也为其他民族赶上并超越中国提供了契机。沟通西域后，为了获取良马对抗以骑兵为主的匈奴，汉武帝派人向大宛国索取汗血宝马，遭到拒绝。汉武帝遂派贰师将军李广利出兵远征，两次进攻大宛，最终迫使大宛不得不进贡良马。大宛被征服迫使西域更重视与汉朝的关系。最终在汉宣帝时，汉朝在西域设立西域都护府，正式将西域纳入版图。

通西域·守汉节
Tongxiyu Shouhanjie

青史流光：跨越时空的那些人

匈奴分裂

张骞出使西域,使匈奴在外交上逐渐处于劣势,大大压缩了匈奴的生存空间。加上卫青、霍去病在漠南之战、河西之战、漠北之战三大战役的强力打击下,匈奴帝国失去昔日荣光,无力南下。匈奴伊稚斜单于死后,从公元前 114 年至公元前 87 年汉武帝去世之间,匈奴连续更换了五任单于。汉武帝本想在自己任内彻底解决匈奴问题,屡屡派人出征,但卫青、霍去病早亡,后继者再无这二人的天纵奇才,每次都是无功甚至大败而归。结果不仅没能彻底击败匈奴,甚至连漠北又重新被匈奴控制。

直到汉宣帝时期,汉朝才又重新站在汉匈大战的上风。在汉朝及周边其他民族的打压以及自己内乱的损耗下,匈奴逐步走向了分裂。

互相试探

汉武帝后期对战匈奴时，只因宠妃李夫人的关系，就屡次任用军事才能平凡的李夫人之弟李广利为将，导致损兵折将，大败亏输。这简直是任人唯亲最典型的反面例证。但汉武帝在外交上还是发掘出了一名饱受后世敬仰的英雄人物——苏武。彼时汉匈之间虽然不睦，但仍旧常常互派使节保持关系，同时也是为了能够刺探对方的情报。那么，这种使节在敌国往往面临着巨大的人身危险，只要对方看不惯就可能被随时扣押。匈奴且鞮（dī）侯单于刚刚即位时，因为地位尚不稳固，害怕被汉武帝派兵攻击，就送还了之前扣押的汉使。汉武帝觉得即使面对敌国，汉朝作为泱泱大国，也应该礼尚往来，就决定也送还扣押的匈奴使节。

通西域·守汉节
Tongxiyu Shouhanjie

苏武送囚

苏武在这个时候登上了历史舞台。受汉武帝委派，苏武以中郎将身份持节带着被释放的匈奴使节以及随从一百多人出使匈奴。当见到匈奴且鞮侯单于时，苏武代表汉朝献上了重礼表示感谢。但双方的脑回路明显不同，理想中双方友好互答的气氛并没有出现。在汉人看来，送礼是文明、大度的一种表现，但此事却被匈奴人看成了汉朝在示弱。且鞮侯单于顿感自信心膨胀，言语间对苏武等人颇为傲慢。苏武一行虽然心中愤怒，但想想汉匈之间本来就是敌国，也没有指望能够得到多少善待。既然礼节已到，自家皇帝的善意也已表达，就打算立刻启程归国。结果在这个时候突然发生了一场变乱，导致苏武只能滞留敌国。

虞常谋反

　　事情的起因在于汉朝的一个叛徒卫律。这个人本非汉人，但汉化程度很深，与当时的汉朝音乐家李延年关系很好，而李延年则是汉武帝宠妃李夫人的兄长。所以在李延年的推荐下，汉武帝派其出使匈奴。结果在返程时，卫律听说李延年家族因罪被诛杀。因害怕被牵连，遂带着使团的人背汉降匈。单于非常喜欢他，封其为丁灵王，位高权重。当初一起叛汉的人当中有一个叫虞常的，一直不耻卫律所为，打算刺杀卫律回归汉朝。虞常说动了匈奴的缑（gōu）王跟他一起谋反，二人计划绑架单于之母以做护身符，方便逃跑。恰巧这时候汉使前来访问匈奴。虞常与使团中的副使张胜是旧交，于是他密见张胜，把他的谋反计划和盘托出。

卷入叛乱

张胜一看这是暗杀卫律这个叛徒的好事，自然欣然从之，而且给了虞常很多财物以壮其行。但虞常等人谋事不够机密，消息很快走漏。单于派人前来捕杀，缑王战死，虞常被活捉。单于怒不可遏，派卫律亲自审理此案。副使张胜听说后，大惊失色，他非常担心虞常把他供出，从而牵连到使团。但木已成舟，他毫无办法，只好向尚蒙在鼓中的正使苏武汇报了此事。苏武为消息所震惊，叹道："如果虞常供出你，那么谋反一事必然牵连到整个使团、牵连到我个人，这会严重影响我国的形象，有负国家重托。我不如以死明志，表明跟此事无关。"说罢，就要拔剑自杀，张胜以及另外一个使者常惠二人赶紧阻止了他。

自刺拒审

卫律的工作效率很高。严刑逼供下,虞常很快把张胜供了出来。这一下苏武使团不可避免地被卷入谋反案。单于大怒,召集众人商议,打算诛杀汉使。但有人认为杀了汉使没有什么用,还不如借口追究其参与谋反之罪,迫使他们投降,以便能大大嘲讽汉朝。为了活命,想必这些汉使不会轻易拒绝。单于点头同意。于是,卫律提审苏武。苏武作为使团首领,代表的是大汉威严,自然不能成为匈奴人的阶下囚,更不用说被审问。他再次拔刀自刺,血流如注,高呼道:"堂堂汉使,绝不屈节辱命,否则虽生犹死。"说罢,轰然倒下。卫律大惊,赶紧派人抢救。好不容易才使其悠悠回转。常惠等其他从人痛哭流涕,将其载回营帐医治。

——通西域·守汉节·张骞、苏武——

持节不屈

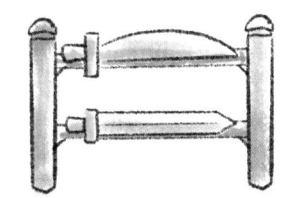

匈奴单于倒是非常欣赏苏武的节烈，他派人精心救治苏武，并时常探望，同时命令卫律务必要劝降苏武。卫律知道苏武不容易屈服，为了杀鸡骇猴，促其投降，卫律亲自审问虞常、张胜，并当着苏武的面一剑斩杀了虞常，张胜吓得面如土色，跪地请降。卫律阴沉地对苏武道："副使有罪，你这正使也难逃干系，必须连坐，我现在就要斩杀了你。"苏武看着跪地求饶的"软骨头"张胜、满脸阴毒的大叛徒卫律，轻蔑地回答道："我本就未曾参与计划，与张胜更是非亲非故，连坐于我真是可发一笑！"

卫律举剑作势要杀苏武，苏武挺胸受之，面不改色。卫律心中暗暗佩服，眼见威胁无效，遂决定采取怀柔政策。

怀柔政策

卫律换上一副笑脸,故作轻松地对苏武"现身说法"。他道:"想当年,我离开汉朝归顺大匈奴,蒙大单于信任,给予我高官厚禄,牛马无数、拥众几万,有此富贵,尚有何憾?如果苏君你现在也归降,那我的今日也就是你的明日,绝对是高官得坐、骏马得骑。否则你一直这么死心眼对抗的话,恐怕最终只能埋骨荒野,化为草肥,以后谁能知道你的忠心呢?"苏武昂然不应。卫律眼见富贵不能使其动心,又开始打感情牌:"今天你若归降了,那我们就是好兄弟。我的就是你的,大单于也一定会重用于你。而如果现在不降,以后再想找我,那可就过时不候了。"卫律不说此话还好,一说此话,苏武顿时勃然大怒。

青史流光：跨越时空的那些人

驳斥卫律

他气得浑身颤抖,指着卫律的鼻子开骂:"你这无君无父、背主卖国的奸贼,我怎么可能找你?还要做兄弟。我呸,这简直是对我的侮辱。而且别以为我不知道你的鬼心思,你明知我不投降,却想要借机杀我,然后乘机挑起两国矛盾,自己好于中取利。你以为我会害怕吗?想想吧!当初南越曾杀害汉使,最后灰飞烟灭;大宛曾杀害汉使,最后国破城亡;朝鲜曾杀害汉使,最终国祚(zuò)断绝。匈奴目前还未遭此厄运。那不如让匈奴的覆灭就从我开始吧!"卫律被苏武驳斥得面红耳赤,无颜再待下去,只好拂袖而去。他回报单于,表示苏武不可能投降。单于听后,反倒越发欣赏苏武。他不由想起了草原人非常擅长的熬鹰之术。

关押北海

　　单于命人将苏武关进了露天的地窖,断绝其饮食,只有破毡随身。此时天气开始变得恶劣,大雪纷飞,寒风凛冽。苏武啃冰雪、咽毡毛,竟然数日不死。匈奴人深为感佩,认为其乃是天神下凡。单于眼见促降难以速成,决定长期折磨于他,像熬鹰一样慢慢煎熬,最终使其忍受不住苦难而屈服。他命人把苏武关押到北海(今贝加尔湖)的苦寒之地,令其放牧公羊,并戏言道:"除非公羊生小羊,否则你不能归汉。"苏武毫不畏惧,冒着烈烈寒风径往北海而去。匈奴人为消磨其意志,不肯及时供应饮食。苏武不甘心就此饥饿而死,遂挖捕田鼠、采集草籽来吃。无论是牧羊还是坐卧他始终紧握节杖,不时激励自己,正视苦难。

青史流光：跨越时空的那些人

艰难存活

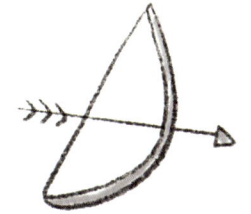

所谓的节杖是古代使者持有的一种仪仗，是凭证、信物的象征，其以竹为杆，上面缀有牦牛之尾。苏武天天手持节杖，以至于牦牛尾毛都尽数脱落，只剩下磨得光亮黝黑的竹杖。这柄节杖时时提醒他不忘故乡家园，不忘国家重托，时时在艰难困境中让他鼓起生存的勇气。他深深知道，他代表的是一个国家、一个民族的坚强意志。困顿并没有使其向生活妥协，苏武在绝境中慢慢学会了编绳捉兽、结网捕鱼、张弓射鸟等生存技能，这些技能使其在漫长的囚禁生涯中存活了下来。这样一直过了五六年后，一日，且鞮侯单于的弟弟于靬（wū jiān）王来北海打猎游玩，见到了苏武，他对苏武能够在这样的环境中坚强生活甚为钦佩。

于靬相助

　　于靬王友好地帮助了苏武,他命人给苏武提供了饮食、衣物,即使后来自己在病中,也派人给予苏武马匹、牲畜、衣物、毡帐。在其帮助下,苏武的生活状况好了一段时间。但好景不长,于靬王因病去世,其部下也逐渐迁走。其他人不肯再善待苏武这个囚徒,于是偷走了他的财物,苏武再次变得一无所有。**有道是"由俭入奢(shē)易,由奢入俭难"**,一般人面临这种突然间由天上掉到地上的生活会不知所措,捶胸顿足。但对苏武而言,这不过是另一种形式的考验罢了。他毫不在意,仍旧坚强地等待归汉的机会。这一天,正在河边牧羊的苏武突然见到了一个故人,这个故人还曾经是他的朋友,曾经是他佩服的将军。

青史流光：跨越时空的那些人

故友重逢

这个人叫李陵,是当年匈奴人非常畏惧的"汉之飞将军"李广的孙子,曾经也是大汉名将。只不过,他现在已经不是汉朝的将军,而是匈奴人的驸马、右校王。李陵是苏武被扣押的第二年,率兵进攻匈奴时战败被俘的。其作战失利及投降匈奴其实颇有曲折,倒未必是其错误,只是情势所迫而已。但他自知大节已亏,无论是什么理由都洗刷不了自己投降敌寇的耻辱,所以即使他早知道苏武被困匈奴,也愧不敢见,因为相对于苏武的守节不屈,自己的投降分外显得软弱卑下。但且鞮侯单于希望他能来劝说苏武,主子有令,他只好硬着头皮来到了北海。两人在毡帐中相对而坐,面前摆着美酒佳肴。故友重逢,本应欣喜,但气氛却异常凝重。

诉说家事

　　李陵叹了口气，板起脸孔"公事公办"地说道："我们大单于听说我和你一向关系很好，所以让我来劝说你归降。想想吧，你这一辈子归国无望了，空自老死荒地，又怎么让别人知道你对于大汉的信义呢？况且单于对你推崇至极，诚心相待，你又何必拒人以千里之外呢？"苏武面无表情地听着，没有任何反应。李陵继续道："子卿（苏武的字），你知道吗？这么多年来，你的家人在汉朝过得并不好。你的大哥因为失误，折断了皇帝的车辕，就被勒令自杀了；你的弟弟因为追查犯人没有成功，也惧罪自杀了；你的老母也已去世，是我亲手安葬的；你的妻子早已改嫁；唯有两个妹妹，两个女儿还有一个儿子当年尚在世，如今也生死不知。"

青史流光：跨越时空的那些人

你这话错了，皇上对我有知遇之恩，我必须报答。

当初归降我也很痛苦啊，但是当今的皇上不值得你卖命啊。

李陵劝降

苏武听着李陵的话,忍不住泪流满面。李陵虽然不忍,但还是继续说道:"人生在世,譬如朝露,转瞬即逝,何必非要让自己痛苦一生呢。想当初,我刚刚投降的时候,也是锥心刺骨地难受,几欲发狂,觉得对不起大汉。可是当我的母亲被汉皇不由分说地拘禁,我的全家被不由分说地诛杀后,我的心也就慢慢冷了。现今皇上年岁已大,多疑猜忌,朝令夕改,很多大臣动不动就被抄家灭门,这样的主人你何必为他守节呢?所以,子卿,你还是好好想想吧!"苏武静静地看着李陵,眼中却迸发出异样的神采:"我苏氏父子蒙陛下简拔于微末之间,加官进爵,常恨不能为主君分忧、不能肝脑涂地,以报答陛下的知遇之恩……"

苏武斥友

苏武从座上霍然而起,提高了声调:"再说,我岂是只为陛下尽忠,我更要为国家负责。如今有为国展示骨气、展现意志的机会,纵然刀斧加身、汤镬(huò)临体,我也心甘情愿。君臣如父子,子不言父过,今为父而死,死得其所。你若顾念当年友情,就不要再说废话了。"李陵苦笑道:"子卿何必如此执迷不悟呢?"苏武摇头道:"非是我愚钝,而是大节在前,大义为先,我不敢有丝毫犹豫。我自忖(cǔn)已是必死之人,单于若定要我投降,我宁可现在就伏剑自杀。"李陵脸上闪过懊悔、痛苦、钦佩、崇敬交织的神色,幽幽叹道:"君真乃不折不扣的义士大丈夫!我和卫律这样的叛贼必遭天谴啊!"说罢,泪满衣襟,掩面而去。

通西域·守汉节
Tongxiyu Shouhanjie

号哭武帝

　　李陵心中愧疚，再没有脸面去见苏武，只是让自己的匈奴妻子暗中赠送牛羊接济苏武。数年后，李陵再次亲自去探望了苏武，而这次带来的却是一个坏消息——汉武帝驾崩了。苏武听闻，面向南方号哭不已，直至口吐鲜血。他停下手中的活计，每天早晚都要为武帝哭丧，一丝不苟，一连持续了数月。李陵看着日渐衰老却始终意志坚定的老友，心中五味杂陈。苏武，你真是我们汉人的脊梁啊！

　　武帝去世后，汉昭帝即位。而匈奴自且鞮侯单于后，已经换了两任单于，此时是壶衍鞮单于，汉匈之间恢复了短暂的和平。两国达成和议，汉昭帝希望匈奴尽快寻找并归还当年扣押的苏武等外交使节。

大雁传信

　　匈奴人虽然明知扣押苏武已无任何意义,但还是希望能够最终收伏苏武,所以回复汉廷诈言苏武已死。汉昭帝非常惋惜。不过,后来再派使者出使匈奴的时候,该使者遇到了和苏武一样羁縻匈奴多年的使团成员常惠。常惠知道苏武并没有死去,他带着使者秘密赶到北海,见到了守节不屈的苏武。使者这才知道朝廷被匈奴人欺骗了。

　　但如果直言让单于放人,一旦其恼羞成怒,不肯承认,反倒会害了苏武性命。常惠出了个主意,让使者就说在汉地时,皇帝打猎射中一只大雁,雁足上系有布帛,上面说苏武在荒泽中。这样的话,如果匈奴人相信鬼神之说,自然肯放,如果不信鬼神,也给了他们一个台阶,想必再不会为难苏武。

通西域·守汉节·张骞、苏武

青史流光：跨越时空的那些人

九六

故友送别

使者按照常惠的主意在面见单于时说了此事。单于惊疑不定，只好坦言承认苏武依旧活着。既然单于已经认账，匈奴一方再无理由羁押苏武，苏武终于有了归国的希望。李陵知道了这个好消息，第一时间跑去找苏武，兴奋地祝贺道："子卿这次归国，必将声播四海，名传后世。我衷心地向你表示祝贺。"旋即，李陵又垂首黯然道："李某不才，无能怯懦，假设当初汉廷能宽恕被俘之罪，不杀我母，也许我还能忍辱负重，为国出力。可惜最终我全家被戮，受此奇耻大辱，我哪还会有报效母国的想法呢？罢了，罢了，君乃我友，我才有感而发。往事已矣，徒呼奈何？如今我已是异国之人，咱们今日一别，再无相见之日，愿君珍重。"

得归大汉

苏武看着李陵，不知道该说什么，心中只有着无限的惋惜之情！李陵起舞高歌："径万里兮度沙幕，为君将兮奋匈奴。路穷绝兮矢刃摧，士众灭兮名已隤（tuí）。老母已死，虽欲报恩将安归！"歌声不绝，泪如雨下，一步步踉跄而去。单于将苏武请回王庭，当众释放，允许其回归汉朝。当年一起出使的一百多人，或死或降，最终坚持下来的，只有苏武、常惠等九人。回家的心情是喜悦的，回家的心情是彷徨的，为了这一天的到来，他们足足痴等了十九年。年轻的汉昭帝为苏武这些国之英雄举行了盛大的欢迎仪式，又命苏武带着祭品去拜祭当年令他出使的汉武帝。在汉武帝的祠庙里，须发皆白的苏武百感交集，泣不成声。

通西域·守汉节
Tongxiyu Shouhanjie

青史流光：跨越时空的那些人

答苏武书

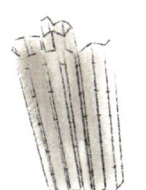

　　汉昭帝任命苏武为主管外交事务的典属国,厚加赏赐,常惠等人也各获封赏。苏武想起了仍在匈奴的好友李陵,希望他能落叶归根,于是写了封信,劝说他归汉。李陵收到后,左思右想,写了篇《答苏武书》,陈述了自己的心迹,拒绝了苏武的好意。苏武无可奈何,他知道李陵对汉武帝听信谣言诛其三族一事耿耿于怀、无法释然,这是其始终不愿归汉的重要原因。后来汉昭帝时的辅政大臣霍光、上官桀,因以前都是李陵的好友,所以也派人劝说李陵归汉,但李陵认为大丈夫不能反复无常,颓然拒绝了。最终,一代名将背负着大汉叛贼的名声老死于异国他乡。也许是因为苏武和李陵经历的世事不同,所以二人终究各行其道吧。

政变株连

苏武回朝后,并没有如愿以偿地安享清福。不久,两位辅政大臣霍光与上官桀反目成仇,争权夺利。苏武与上官桀一派交好,所以也不可避免地卷入了权力斗争。上官桀一派失败,导致苏武之子苏元被杀,苏武也受到牵连,差点锒铛入狱。所幸霍光手下留情,只是将其免去官职。后来昭帝驾崩,汉宣帝即位,苏武才又逐渐回归朝堂。当时的勋贵重臣都非常敬重他,而宣帝对这位老臣也格外优宠,命其每月只需初一、十五上朝即可,尊称其为"祭酒",重加赏赐。苏武把这些赏赐都送给了他的弟弟及朋友,家无余财。由于他已无后代,宣帝非常怜悯,寻访得知其在匈奴曾娶匈奴女人为妻,生有一子,名苏通国,遂将其重金赎回,以慰苏武。

—通西域·守汉节·张骞、苏武—

青史流光：跨越时空的那些人

忠诚坚定、开拓进取
气节、大义
勇敢、忠诚
中华民族精神的脊梁

这二位真是我们精神的脊梁啊！

是啊，忠诚坚定，不畏艰险，为汉朝的外交奉献了一生啊。

列名阁麟

苏武八十多岁时寿终正寝，去世后被汉宣帝绘入悬挂功臣画像的麒麟阁，以彰其功。同他的外交前辈张骞一样，二人都一起成为彪炳史册的英雄人物。无论是张骞的开拓进取，还是苏武的忠诚坚定，都是中华民族精神的脊梁，是中华民族能够屹立于世界各国始终不倒的根本所在。张骞通西域、丝绸之路、苏武牧羊，这些耳熟能详的故事演化为光彩四溢的精神符号，在五千年的漫长历史中熠熠生辉，激励着一代又一代的英雄豪杰、仁人志士为了中华民族的发展强盛积极进取、永不停歇。无论是天下一统，还是神州板荡，无论是海清河晏，还是烽火连天，进取、大义、勇敢、忠诚始终是镌刻在中华儿女心中的深深钢印。

小小评论家

1. 请问汉武帝派遣张骞出使西域的主要目的是什么呢?

   _____

2. 读完张骞的故事,你能说出他曾经去过哪些国家吗?

   _____

3. 你觉得张骞通西域最大的功绩是什么?

   _____

4. 苏武北海牧羊的故事反映的是一种什么样的精神品格呢?

_____

5. 你怎么评价苏武和李陵两个人的抉择呢?

_____

6. 如果你是苏武,你要怎么样在艰难的囚徒生涯中坚持下来呢?

_____

文史小课堂

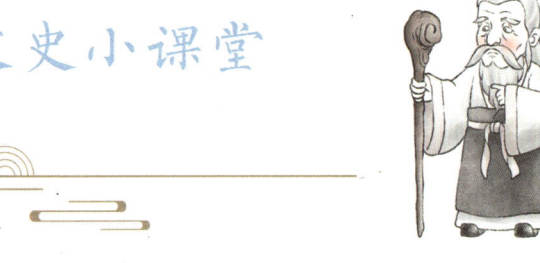

1. 汉武盛世：指西汉武帝统治中国的时期（公元前141年-公元前87年）。汉武帝本身雄才大略，又有诸多良臣名将相佐，文治武功颇盛，使得这一时期国家繁荣富强。中国在文化、科技、政治、经济、军事等方面都有相当程度的发展，故被后世誉为"盛世"。

2. 休养生息：指在大的社会动荡之后，国家、政府采取各种措施以减轻人民负担，恢复生产，稳定社会秩序的政策。汉朝初年，因为秦末战争的严重影响，民生凋敝，社会混乱，汉高祖、汉文帝、汉景帝均采取了休养生息的政策，从而慢慢积蓄国力，为汉武盛世的到来奠定了基础。

3. 黄老之术：黄，指上古三皇五帝中的黄帝。老，指老子，春秋战国时期，诸子百家中道家学派的创始人。该学说在政治上认为君主应"无为而治"，通过"无为"而达到"有为"，主张轻徭薄赋，与民休息。这种思想非常适合解决汉初面临的各种社会问题，有利于国力的恢复，因而在汉高祖至文景时代都得到了大力推行。

4. 罢黜百家，独尊儒术：汉武帝时期重要的政治事件。春秋战国时期，礼崩乐坏，社会动荡，各种学说趁机蓬勃发展，由此诞生了儒、墨、道、法、阴阳、兵、农等众多学派及代表性人物，号称"诸子百家"。秦灭六国，统一天下，

采取了法家思想治国，并通过焚书坑儒，限制其他学说发展，法家思想一跃成为国家正统思想。但好景不长，秦朝二世而亡，法家学说跌落政坛。汉朝建立后，为了恢复国力，采用黄老之术治国。到汉武帝时期，主张清静无为的道家思想已经不能满足锐意进取的国家取向，也不符合汉武帝加强中央集权的希望。于是在董仲舒的建议下，汉武帝采取了更为积极进取、始终持大一统主张的儒家思想作为治国主导策略，提拔重用儒生，罢黜治其他学说之人，是为"罢黜百家，独尊儒术"。从此以后，儒家学说成为中国封建社会的正统政治思想。

5. 河套地区：指黄河"几"字形大拐弯处的内侧至长城一线的平原地区，该地区南接陕西，西隔黄河毗邻宁夏，东隔黄河毗邻山西，北与蒙古高原接壤，土地肥沃，水草丰美，既适宜农耕，又适合放牧，尤其是良好的战马放牧场所，故历来是游牧民族与农耕文明争夺的战略要地。

6. 推恩令：汉武帝时期重要的政治策略。汉武帝为了加强中央集权，彻底解决前代遗留的诸侯国过大、时常威胁中央政权的弊病，采纳主父偃的建议，下诏允许各诸侯的嫡长子之外的其他儿子继承诸侯相应的土地、人口等，是为"推恩令"。此令一下，各诸侯嫡长子外的其他子嗣欢呼雀跃，而诸侯明知会削弱自身实力，却因其他子嗣得利之故，无法反对该政令。通过这个策略，汉武帝用非战争的手段，将原先庞大的诸侯国拆分得越来越小，诸侯国再无对抗中央的实力。

7. 河西走廊：位于黄河"几"字形左侧以西，西北东南走向，且因为其中为平原，两边均有高山，北侧为龙首山—合黎山—马鬃山，南侧为祁连山，形如长廊，故称河西走廊。其东侧越过乌鞘岭，与陇中高原衔接，西侧出玉门关与新疆地区相连，是古代中原出长安入西域乃至中亚地区的交通要道，是"丝绸之路"的重要组成部分。西汉曾在河西走廊上设置河西四郡：武威、张掖、酒泉、敦煌，并在敦煌以西设玉门关、阳关。

8. 西域：古代地理名词，历代有不同指称。一般而言，狭义上的西域指玉门关、阳关以西，葱岭（今帕米尔高原）以东，巴尔喀什湖东、南及新疆广大地区。而广义的西域则指除了包括狭义西域外，还包括通过该地区所能到达的中亚、西亚等地。

9. 两国交兵，不斩来使：使，指使者，国家间从事外交活动、传递信息的人。两国之间即使处于战争状态中，也不得以任何方式伤害对方派来的使者。这是一条古老的战争法则，用于约束交战双方的行为，但实际上经常会遭到破坏。

10. 南越国：亦称南粤国，是秦末至西汉武帝时期岭南地区的一个割据政权。秦末天下大乱，秦朝南海郡尉赵佗（tuó）杀掉原秦朝官吏，封锁关隘，自成一派。汉朝建立后，高祖刘邦无暇南顾，赵佗遂兼并桂林郡、象郡，建立南越国，自号"南越武王"。八年后，赵佗接受汉朝的南越王印绶，成为汉朝的藩属国。高祖去世后，赵佗与执掌政权的吕后交恶，再次自立称帝。后在汉武帝时期，南越国被汉朝灭亡。

11. 衣衫褴褛，形容枯槁：指衣衫破烂、不整洁，面容憔悴，就如同枯木一般。形容十分狼狈。

12. 不共戴天：戴，顶着。不和仇人在同一片天空下生活，形容仇恨极大。

13. 颠沛流离：颠沛，跌倒，比喻生活穷困。流离，流转离散。形容生活艰难而到处流浪。

14. 左谷蠡王：匈奴贵族高级封号，居于匈奴之东，对应的有右谷蠡王，居于匈奴之西。二者与匈奴的左贤王、右贤王合称"四角"。

15. 邛竹杖：一种手杖，是四川地区著名的工艺品，用产于四川邛崃的稀有竹子罗汉竹制作而成。

16. 喜马拉雅山：世界上海拔最高的山脉，位于我国青藏高原南部边缘，是东亚大陆与南亚次大陆的天然界限。其主峰是世界最高峰珠穆朗玛峰，海拔高达8848.86米。

17. 博望侯：根据东汉班固所著《汉书》记载，张骞"以校尉从大将军击匈奴，知水草处，军得以不乏，乃封骞为博望侯"。后来，"博望侯"不仅在当时被西域各国所熟知，以致其他汉使也纷纷以该名义出使，以取信各国，在后世成为张骞的代称而为人们所熟知。

18. 待价而沽：沽，卖。字面意思为等价格高的时候再卖，比喻某个被各方势力争取的对象，等待着各方出价，谁给的利益最大，就跟谁合作。

19. 左右逢源：本指到处都能遇到充足的水源，后用来比喻做事得心应手，非常顺利。本为褒义词，但有时会褒义贬用，讽刺某些人或者势力处事圆滑，善于投机。

人物小传

张骞：汉武帝时期名臣，封博望侯，杰出的外交家、探险家，丝绸之路的开拓者，两次出使西域，并探索西南，司马迁赞其所为为"凿空"，即"开通大道"，有力促进了西域乃至更远地区与内地的交流。

汉武帝：名刘彻。汉景帝与皇后王氏所生之子，西汉第七位皇帝。在位期间颇有作为，对内"罢黜百家，独尊儒术"，又通过"推恩令"等手段消除诸侯国威胁，对外曾派卫青、霍去病等人连续北击匈奴，导致了匈奴的衰败，又平定西南少数民族政权，攻灭南越国、卫氏朝鲜等，为汉朝开拓了广阔的疆域，又通过张骞两次出使西域，开辟了丝绸之路，促进了东西方文化的交流。但在位期间，穷兵黩武，导致国力衰退，在围绕外戚干政之事上，又激发巫蛊之祸，引发了政局动荡。年老时，曾发布《罪己诏》，反省自身作为，其文治武功被后世广泛称道。

汉文帝：名刘恒，汉高祖刘邦之子，西汉第五位皇帝。与其子汉景帝开创"文景之治"，在位期间因"缇萦救父"废除肉刑。

汉景帝：名刘启，汉文帝刘恒之子，西汉第六位皇帝。与其父汉文帝开创"文景之治"，在位期间因削藩导致"七国之乱"。

李牧：赵国名将，战国四大名将之一。曾因功获封武安君。前期主要抵御匈奴，曾以步兵大破匈奴骑兵。后期主要抵御秦国，在肥之战中，大败秦将桓齮。秦王翦伐赵，李牧与之相持。赵王迁中秦人反间计，李牧被诛杀，赵国自毁长城，很快灭亡。

秦始皇：名嬴政、赵政，中国历史上第一个皇帝，所以称始皇帝。在位期间统一六国，建立中国历史上第一个封建王朝秦朝，并不断开疆拓土、统一中国文化，其所立典章制度为后世很多朝代遵循，被誉为"千古一帝"。但其统治残暴、滥用民力、焚书坑儒，也常被视为"暴君"的典型。

蒙恬：秦朝名将，蒙武之子。曾率兵三十万北击匈奴，收复河南之地，并监修万里长城。秦始皇去世后，赵高、李斯发动政变，矫诏令其自杀，蒙恬请求复核，但无果，最终蒙冤自尽。曾改良毛笔，誉为"笔祖"。

刘邦：西汉王朝的建立者，谥号太祖高皇帝，后世称汉高祖。出身微寒，本为泗水亭长。秦末大乱时，在芒砀山斩白蛇起义，从事反秦斗争。后被楚国项梁、项羽收编。项梁死后，被楚怀王任命为西征统帅，领兵率先攻入秦朝都城咸阳。因不敌项羽，故在鸿门宴后退出咸阳，进驻巴蜀。不久与项羽反目，在楚汉争霸中战胜项羽，建立大汉王朝。后在平定内部叛乱时为流矢所中，不久病逝。

项羽：本名项籍，号西楚霸王，秦末反秦起义各路人马中的主力。曾在巨鹿之战中破釜沉舟，创造了以少胜多的经典战役。勇力绝伦，力能扛鼎。但为人残忍好杀、优柔寡断，缺乏政治眼光，在楚汉相争中，逐步丧失优势，被刘邦击败，自刎于乌江。

冒顿单于：匈奴历史上最为有名的单于之一，首次统一北方草原，建立起广袤的匈奴帝国。曾鸣镝弑父，杀死头曼单于，攫取统治权。又与韩王信等勾结，入侵汉朝，通过白登之围，差点活捉汉高祖刘邦。后又屡次背约，袭扰汉地，甚至写信给吕后，让吕后下嫁于己。汉朝虽然愤怒，但因汉初国力不足，往往采取和亲之策应对。

汉惠帝：名刘盈，汉朝第二任皇帝，是刘邦与吕后所生嫡长子，为人仁慈，刘邦建立汉朝后，立为太子。因刘邦喜新厌旧，宠爱戚夫人，而生废长立幼之心，打算废掉刘盈，改立与戚夫人所生如意为太子。但此举遭群臣反对，张良献计于吕后请来"商山四皓"辅佐刘盈，方得巩固太子之位。刘邦死后，吕后欲加害如意。刘盈多方维护，但终不能保全如意性命。吕后又加害戚夫人，将其施以酷刑，做成"人彘"，刘盈惊恐，认为其母此举非人所为，不久年纪轻轻便忧虑而亡。

老上单于：冒顿单于之子，匈奴的第三任单于。在位期间攻杀月氏王，将其头骨做成酒器，迫使月氏西迁，进而控制西域。同时屡屡进攻汉朝，汉文帝不胜其扰，无计可施，只能以和亲之策应对。

军臣单于：老上单于之子，匈奴的第四任单于。大约对应于汉景帝时期。在位期间，曾入侵汉朝疆域，后汉景帝采取和亲政策，并给予匈奴大量优惠，汉匈之间战火方息。汉武帝即位后，曾打算在马邑诱杀军臣单于，机密泄露，汉匈关系破裂。汉朝卫青发动漠南大战，收复河套地区。军臣单于死后，其弟左谷蠡王伊稚斜自立为单于，其子太子于单不敌，被迫投汉。

堂邑父：又名甘夫，西汉武帝时期人物。本为匈奴人，后归降汉朝，曾跟随张骞出使西域，为向导兼翻译。英勇善射。使团屡次面临粮尽水乏困境时，都赖其用箭射杀鸟兽，得以充饥存活。出使回归后，被封为奉使君。

伊稚斜单于：军臣单于之弟，匈奴的第五任单于。本为匈奴左谷蠡王。军臣单于死后，赶走了侄子太子于单，自立为单于。在位期间，正是汉武帝最为强盛之时。其被卫青、霍去病发动的河西大战、漠北大战打得大败亏输，差点被活捉，不仅丢掉了河西走廊，连漠北地区都难以进入。

于单：军臣单于之子，父亲死后，本应继承单于之位，却被叔叔左谷蠡王伊稚斜赶走，被迫投汉，被封为涉安侯，不久病亡。

卫青：汉武帝时期名将，封长平侯，官至大司马大将军，其三姐为汉武帝皇后卫子夫。北伐匈奴，七战七胜，奇袭龙城，收复河朔、河套等地，远征漠北，用兵大胆，去世后汉武帝为其建形如庐山之墓。

李广：号"汉之飞将军"，西汉名将。有三子：李当户、李椒、李敢。一生征战匈奴，勇猛善射，擅长绝境反击，曾以未能封侯为憾。后随卫青进攻匈奴王庭，迷途失道获罪，因不愿受审，自刎而亡。

霍去病：汉武帝时期名将，封冠军侯，官至骠骑将军，后世称"霍嫖姚"，其母为卫子夫二姐卫少儿。北击匈奴，封狼居胥。英年早逝，去世后汉武帝为其建形如祁连山之墓。有名言："匈奴未灭，何以为家"，其同父异母弟为霍光。

难兜靡：乌孙国昆莫（乌孙首领的称号），在位期间，国家被月氏国攻灭，其战死。

猎骄靡：乌孙国昆莫难兜靡之子，其出生时，乌孙国被月氏国攻灭，其父身死。其被人救出，藏于草中，得狼哺乳、乌鸦喂肉得以存活。后得匈奴冒顿单于收养，颇受单于喜爱。及其年长，单于将原乌孙国民交其统领，乌孙在匈奴的支持下得以复国。后在张骞出使西域后，打算与汉朝联姻，脱离匈奴。汉武帝遂将细君公主嫁于其为妻。但此时猎骄靡已年老，打算让其孙子军须靡续娶细君公主。公主不从，上书武帝。武帝命其从乌孙俗，公主只得改嫁军须靡。

浑邪王：匈奴贵族，被汉朝名将霍去病所俘，归汉，被封为漯阴侯。

司马迁：中国伟大的史学家、文学家、思想家，开创纪传体史书先例，著有《史记》。因为李陵辩护而遭刑。

赵破奴：汉朝将领，本为骠骑将军霍去病军中司马，后因攻打匈奴有功，被封骠侯，后在酎金失爵中，被免去爵位。后攻破丝绸之路上的姑师（车师）国，被封浞野侯。之后带兵进攻匈奴，全军覆没，其被俘虏。后逃归汉朝，最终因被武帝时期的巫蛊之祸所牵连而被灭族。

王恢：西汉大臣，本为汉使，在丝绸之路上屡被楼兰等国侵袭，遂与汉将赵破奴反击。最终王恢以七百人突袭楼兰，活捉楼兰王。

刘细君：即细君公主，汉武帝侄子、江都王刘建之女，刘建因谋反被族灭，只有孤女刘细君得存。汉武帝为交好西域大国乌孙，夹击匈奴，答应乌孙国王所请，送公主和亲。汉武帝不愿派自己女儿，遂选中刘细君出塞。刘细君先嫁乌孙国王猎骄靡，在其死后又根据乌孙风俗，嫁给猎骄靡之孙军须靡。送亲途中，汉武帝为免其思乡之苦，曾令人做"秦琵琶"以娱之。

军须靡：乌孙国昆莫猎骄靡之孙。其父早死，故猎骄靡年老时欲将王位直接传于孙子，命其为岑陬。因而引起其叔大禄不服。后军须靡即位，得娶汉朝细君公主。细君公主不久亡故，汉武帝又嫁解忧公主于军须靡。在位期间，汉朝和乌孙建立盟友关系。

刘解忧：即解忧公主，先祖为汉高祖刘邦之弟刘交，其祖父为楚王刘戊。汉景帝时参与"七国之乱"，失败被杀。遂家道中落。汉武帝时，为交好西域大国乌孙，应乌孙国王所请，送公主和亲。首先派细君公主，

细君公主先后嫁猎骄靡、军须靡两代乌孙王，后早逝。军须靡遂又派人求亲，汉武帝遂选中罪臣之女刘解忧出塞和亲。解忧公主先嫁军须靡，军须靡去世后，嫁其堂弟翁归靡，后又嫁军须靡之子泥靡。一生致力于维护乌孙与大汉盟友关系，数次化解双方危机，并亲自主持汉、乌孙对匈奴的打击，是和亲公主中最有作为的一个。年逾七十，回归长安，受到汉宣帝的隆重礼遇。

李广利：西汉将领。汉武帝宠妃李夫人之兄。因李夫人受宠而被任用。汉武帝为获取西域汗血宝马，封李广利为贰师将军，出征大宛。结果损兵折将，未获成功。汉武帝大怒，下令封锁玉门关，不许其入关。后再次派李广利出征大宛，终于取胜，但战绩不佳。后汉武帝再次派其出征匈奴，也败多胜少，战损率非常高。其出征匈奴期间，巫蛊之祸发生。太子刘据及皇后卫子夫身死。李广利与其亲家丞相刘屈氂曾谋划让李夫人之子成为太子，事泄。刘屈氂被灭族。李广利恐惧，投降匈奴。匈奴王甚为礼遇，这引起匈奴重臣卫律嫉妒。故陷害李广利，导致其被杀。

李夫人：汉武帝宠妃，协律都尉李延年、贰师将军李广利之妹。经李延年及汉武帝姐姐平阳公主推荐，得以入宫，生下一子昌邑王刘髆。不久病逝。生病时，坚决拒绝汉武帝探看，以保持在皇帝心中的美好形象。其子曾被其兄李广利谋划立为太子，但失败。

苏武：西汉时期著名的外交家，历经汉武帝、汉昭帝、汉宣帝三代皇帝。其出使匈奴期间，被匈奴人囚禁十九年，始终持节不屈。后得以归汉，被昭帝、宣帝所看重，其去世后，画像被宣帝绘入麒麟阁，以示表彰大功。

且鞮侯单于：伊稚斜单于之子，在伊稚斜单于死后，继乌维单于、儿单于、呴犁湖单于之后任单于，在位期间囚禁汉朝使臣苏武，大败汉将李广利，俘虏汉骑都尉李陵。

卫律：西汉武帝、昭帝时期人，本非汉人，自幼生于汉朝，汉化很深，与汉朝的协律都尉李延年关系颇好。得其举荐，出使匈奴。在返程途中，因李延年家族获罪被灭族，担心受到株连，遂挟众投降匈奴，被匈奴封为丁灵王，颇受重用。曾逼迫苏武投降，但未成功。又因争权，杀死投降匈奴的汉将李广利。主张与汉和亲，但不被采纳。

李延年：西汉著名音乐家。因犯法被施以腐刑，为宫中奴仆，因擅长音乐，得武帝宠爱。为武帝做《佳人曲》，其妹得以入宫。李延年也因此而被封协律都尉。后因其弟罪过牵连，被灭族。

虞常：西汉武帝时期人，本为汉使卫律手下人员。卫律叛汉，其也随同进入匈奴。后欲杀卫律，谋事不密，被匈奴知晓，从而被捕杀，间接导致苏武被囚匈奴。

缑王：西汉时期人。匈奴昆邪王姐姐的孩子，昆邪王被汉将霍去病俘获，投降汉朝，缑王也随之投降。后跟随汉将浞野侯赵破奴进攻匈奴，全军覆没。缑王遂再次投降匈奴。曾与虞常密谋杀死卫律、绑架单于之母，事泄被杀。

张胜：苏武出使时，使团中的副使。虞常事件中，因虞常向其透露谋反匈奴的计划，导致苏武使团被牵连。其被匈奴捉拿，屈膝投降。

常惠：西汉著名外交家，历经汉武帝、汉昭帝、汉宣帝三代帝王。跟随苏武出使匈奴，结果一起被囚禁十九年。后归国，被封为光禄大夫。后又出使乌孙，与解忧公主及其夫翁归靡率领乌孙、汉朝联军共同击

败匈奴，被封为长罗侯。因西域小国龟兹国杀害汉使，常惠又见机行事，惩处龟兹，迫使龟兹王屈服。后多次出使乌孙，与解忧公主一起巩固乌孙与汉的联盟。后接任苏武任典属国，死后被封壮武侯。

于靬王：西汉时期人。匈奴贵族，且鞮侯单于之弟。苏武北海牧羊期间，曾得其帮助。

李陵：西汉名将李广之孙，李敢之子。本为汉朝名将，但因孤军深入匈奴境内，被困后投降匈奴。为时人所不齿。后世演义《杨家将》中有杨继业碰死李陵碑一折，即以此为原型虚构。

壶衍鞮单于：且鞮侯单于之孙，狐鹿姑单于之子。在位期间，释放囚禁多年的苏武。曾谋划进攻乌孙，被乌孙、汉朝联合所败。

汉昭帝：刘弗陵，汉武帝之子。八岁继位。登位时由霍光、金日磾、上官桀、桑弘羊等辅政，后金日磾去世，上官桀、桑弘羊反对霍光，不敌，被杀。昭帝遂专任霍光。在位期间，延续武帝后期的休养生息政策，使汉武帝时期穷兵黩武、奢靡无度带来的负面局势得以扭转。史称"昭宣中兴"。

霍光：西汉著名权臣，霍去病同父异母弟。麒麟阁十一功臣之首。常与商朝的贤相伊尹并称"伊霍"，二人都曾辅佐年少帝王，且有废立帝王之行，后世常以"行伊霍之事"代指权臣摄政废立帝王。

上官桀：西汉外戚大臣，孙女为汉昭帝皇后，其子娶霍光之女。与霍光关系密切，但后来反目，因谋害霍光失败被杀。

汉宣帝：名刘询，西汉第十位皇帝。原名刘病已，其祖父即汉武帝的废太子刘据。刘据在巫蛊之祸中几乎全家被杀，只有刘询在狱中被廷尉监邴吉保护、后被祖母史家收养，得以逃脱。汉昭帝驾崩后，无子。权臣霍光先立昌邑王刘贺为帝，但其人昏庸无道，遂被废。霍光等人遂立刘询为天子。在位期间，颇有作为，对内清除权臣霍光等外戚势力，对外与乌孙夹击匈奴，导致南匈奴呼韩邪单于归顺，并在西域首次设立西域都护府。这段时间史称"昭宣中兴"。